# TESTAMENT

## DE LA

# RÉPUBLIQUE,

PAR

## M. le comte DE DOUHET.

Maxime disait à Balbin :
— Que nous reviendra-t-il, Balbin, quand nous aurons détruit cette bête sauvage ?
Balbin répondit :
— La faveur du peuple et celle de l'univers.
JUL. CAPITOLIN.

## PARIS,

### CHEZ LEDOYEN, LIBRAIRE-ÉDITEUR,
Palais-National.

## 1852.

A SA MAJESTÉ

# L'EMPEREUR.

SIRE ,

*La bonté éclatante de* Votre Majesté *m'enhardit à Lui présenter ce petit ouvrage.*

*Tout l'espoir qu'il m'est permis d'en tirer, c'est qu'au milieu des travaux infinis de tous* les genres dont VOTRE MAJESTÉ remplit ses journées, Elle daigne ne pas m'abandonner tout à fait dans la lutte que j'engage, soit contre mes propres préjugés antérieurs, soit contre les ennemis de la France.

Je suis, avec le plus profond respect,

SIRE,

DE VOTRE MAJESTÉ,

Le très-humble et très-obéissant serviteur,

COMTE DE DOUHET.

# QUI SUIS-JE ?

Ma famille est de celles qui, constamment honorées de la confiance du pays, pratiquent, depuis des siècles, les choses publiques, et sont accoutumées de soumettre leurs propres aspirations à la suprême spontanéité nationale.

Mon nom se perd dans les origines gauloises ; inutiles pour les grandes questions, sources d'abus et de ridicules, les vieilles langues de la Gaule peuvent néanmoins quelquefois révéler le mystère de détails obscurs :

Je suis l'*homme de Dieu*, l'*homme sacré* (1).

Originaires du Languedoc, mes aïeux, sous le poids des invasions des barbares du midi, ont reculé vers le nord, jusque dans le Limousin.

C'était le temps de la féodalité, celui des guerres nationales ; les communes commençaient. Nouveaux venus dans le pays, nous avons, avec les masses, combattu l'Anglais, repoussé l'étranger. Dès le xiiie siècle, mes pères sont des premiers dans Limoges.

Les rameaux de cette forte tige s'étendent alors et couvrent le sol austère de la Marche et la grande terre des antiques et puissants Auvergnats.

Dans ces trois provinces, les miens occupent, dès le xive siècle, tous ces hauts emplois provinciaux, sous la perfide faveur desquels la noblesse des provinces a été classée au-dessous de celle des cours ; mais, au contraire, la forte indépendance de ces souches patriarcales, leur amour de la pa-

(1) Doë, Goë, en gaélique, Dieu, divin, sacré.

trie, leur respect pour leurs vassaux nombreux et leur importance réelle n'en sont que mieux constatés, d'autant que la royauté, avec qui elles étaient sur le pied d'égalité, fut contrainte encore, malgré le déplaisir d'un tel servage, à les combler de distinctions et à leur octroyer ces grandes positions auxquelles les masses les appelaient.

Il résultait dans ces familles, de la conscience d'une telle force, une foi si profonde, que, dans sa ruine, mon grand'père répétait sans cesse sa devise mystérieuse, identique à notre nom et attestant l'indestructibilité de la race :

*Sum aeternus,*
Je suis éternel !

J'ai reçu de lui le poids de tant de siècles et la tradition des miens. Mon père s'est trouvé l'héritier des marquis de Douhet du Puymoulinier, tronc de la race, et dont le dernier rejeton n'a vu que le commencement de ce siècle ; il est resté le chef de toutes les branches éparses subsistantes encore, dans la Corrèze, le Cantal et le Puy-de-Dôme.

Ainsi mes aïeux ont dominé l'histoire, et moi, j'en porte le joug...

Mystère suprême de la France! Jusqu'à ces temps, la science a commandé, s'affirmant omnipotente, proposant sans cesse des expériences nouvelles, encombrant tous les âges des ruines de ses révolutions, redoutable et funeste, et désormais elle est esclave...

J'ai subi cette servitude amère dès le sortir des écoles. Ma vie en a été ébranlée jusque dans sa base; l'agitation prodigieuse de mes jeunes années a failli plus d'une fois en arrêter le cours dans quelque catastrophe terrible. Dompté par l'histoire, inattentif de l'avenir, j'avais transporté dans le mouvement infime de ma vie privée le désordre des âges barbares.

Ainsi la Révolution de Février me précipita des hautes origines françaises aux choses actuelles, et je tombai du milieu des Gaulois parmi les modernes barbares.

J'avais déjà, à un mois de date, jour pour jour, prophétisé le bouleversement de 1848. Dès le 24 Février, j'annonçais le général Cavaignac qui devait détruire la Révolution dans la bataille de juin. L'un des sept rédacteurs de la *Commune de Paris* (1), j'acca-

_____

(1) La liste des rédacteurs de *la Commune de Paris*,

blais l'Assemblée. Clubiste, par une de ces ironies mystérieuses dont le sens n'apparaît que longtemps après, je faisais présider une réunion immense de maçons de la Creuse par une béquille ; c'était, dans cet emblème de souffrance, montrer au Peuple l'impotence naturelle de ceux qui aspiraient à le mener.

Et sans conscience de la vertu des prophètes, qui, des abîmes populaires, embrasait tous les cœurs, incertain de tout, conduit au hasard, ou par mes premières passions ou par des préjugés révolutionnaires, je marchais en aveugle, et je trébuchai enfin dans le scandale et la sottise de la détention politique. J'ai subi avec indifférence, au lieu d'un an, terme de ma condamnation, deux ans de prison à Sainte-Pélagie, pour payer, au prix de mon sang, l'amende portée contre moi.

Au sortir de prison, plus docile à l'expérience des siècles, je me suis courbé sous la grande loi de l'infaillibilité nationale, ac-

publiée en avril, contient les noms de plusieurs personnes qui jamais n'ont écrit une ligne. Sobrier, Cahaigne, Peyret, Houneau, Pawlowski et moi, nous avons seuls fait le journal en mai et juin.

clamée depuis mon *Epopée franke*. L
grande *Histoire de France*, à laquelle j e m
prépare par les recherches sur *la religion
de la Gaule*, la traduction de *Grégoire de
Tours*, et le *Mémoire sur Clovis*, qui s'impri-
meront cette année, contiendra, pour la première fois, la dispute du monde lettré et
des masses ignorantes, aboutissant, en 1852,
au triomphe des simples et des illettrés (1).

A cette heure, j'écris le *Testament de la
République* succombant sous l'Empire. Le
sentiment universel accuse de sa mort les
Républicains ; ils s'en défendent aux dépens
du Peuple. La logique en disculpe tout le
monde :

La République n'était pas pour durer !

Comte de Douhet.

Paris, 10 novembre 1852.

(1) Ce *Testament* n'est que le commencement d'un
livre sous presse, intitulé Idée nouvelle de la Révolution.

# I.

## LA RÉVOLUTION DE FÉVRIER.

La Révolution de février a été une orgie de partisans. Sous prétexte d'un ordre nouveau, elle n'a été que confusion et désordre. Ni bon sens, ni pudeur, ni savoir, ni logique. Le peuple semblait une proie, un jouet, une risée. La légitimité attendait le vœu national et se courbait sous les sophismes du XVIIIᵉ siècle. La monarchie constitutionnelle s'affirmait le résultat de 1789, qui n'a rien produit. La République libérale, rouge ou socialiste, fondée sur des puérilités, repoussant Dieu pour le droit, la royauté pour la dictature, identique à la monarchie, était proclamée par ses docteurs une chose neuve. Les hommes acclamaient qui voulait. Les généraux abaissaient leur épée ; les magistrats endossaient la simarre pour les fêtes ridicules imitées de l'antique ; les avocats couraient les procès républicains. Les masses, remuées en tous sens par une propagande furieuse, indifférentes à ce qui se passait, et, irritées de tant de folies, se levaient au hasard, seulement pour écraser les plus pervers. En 1789, alors que la négation de la bourgeoisie était précise, l'intervention populaire ne cessa de donner tort à la royauté ; en 1848, les journées révolutionnaires sont également funestes à tous les partis, et renversent tantôt la réaction, tantôt la Révolution.

Ces deux mots de *réaction* et de *révolution* n'indiquent pas des idées opposées ; ce sont des noms de partis. Les révolutionnaires ont été plus réactionnaires que la réaction, et celle-ci au moins aussi révolutionnaire que la Révolution. Louis-Napoléon a pu dire avec raison, en septembre 1852, à Bordeaux : « Désabusé d'absurdes théories, « le peuple a acquis la conviction que ces « réformateurs prétendus n'étaient que des « rêveurs, car il y avait toujours dispro- « portion entre leurs moyens et le résultat « promis. Aujourd'hui la France m'entoure « de ses sympathies, parce que je ne suis « pas de la famille des idéologues..... »

Lamartine apparut d'abord comme un grand homme ; sa popularité fut immense tant qu'on put croire qu'il y avait une idée quelconque dans sa cervelle creuse ; quand il fut visible qu'il ne savait rien de plus que la réformation de la bourgeoisie, c'est-à-dire l'éducation d'une ombre, l'oubli l'atteignit pour jamais. Cavaignac passa aussi vite que lui de la faveur au mépris populaire pour n'avoir pu donner qu'un mot, la République honnête. M. Thiers rêvait pour sa vieillesse la présidence d'une répu-

blique rationnelle : « Vous êtes des senti-
« mentalistes, disait-il à un montagnard,
« nous sommes des hommes de raison,
« vous ne garderez jamais le pouvoir. »

Cabet, Louis Blanc, Pierre Leroux, se
sont disputé quelques os réduits en poudre,
volés au charnier des hérésies chrétiennes
ou des fluctuations de l'Église primitive. La
constitution de Pierre Leroux l'a signalé à
la pitié publique : philosophisme, rapso-
dies, idées anglaises, parlementarisme,
communisme, tout a prouvé une piètre in-
telligence usée dans les stupides combats de
la rhétorique. Edgar Quinet a poursuivi l'i-
dée d'une papauté philosophique au lieu
d'une papauté théolatrique. Fourier avait
eu quelques-unes de ces visions dont Marie
d'Agréda ou M<sup>me</sup> Bourignon étaient tour-
mentées, et la secte verbeuse du phalanstère
étendit en maigres et desséchantes tartines
les élucubrations du maître. Proudhon, plus
inventif, cache sous la verve gauloise de son

style la plus surprenante ignorance, et, dans l'ombre d'un désintéressement singulier, l'envie d'une domination quelconque. Le néant, base de l'idéologie religieuse, il se l'attribue. Qui lui disputerait la négation de la propriété, dont le droit est le logicien depuis des siècles? Au lieu de l'indifférence politique, il sonne le glas du gouvernement ; il passe à côté de l'infaillibilité du peuple pour chanter celle du monde lettré. De bonne foi, il ravage, renverse, fouille, pour faire avec les édifices de l'indestructible Orient, les idées étrusques, romaines ou druidiques, des baraques illogeables et éphémères au goût du jour ; et je soupçonne le dernier citoyen de l'univers de se croire le premier grand-prêtre de l'Église du Néant.

Tous les hommes ont été, dans ces quatre dernières années, ignorants, viciés, lâches, orgueilleux, perfides et vantards. Nul n'a eu le courage de son ambition. « L'ancienne « forme sociale a disparu, le règne du pri-

« vilége et de l'exploitation est passé.... »
disaient Barbès, Villain, Chippron, Napoléon Lebon et Huber, « ralliez-vous donc,
« car vous avez besoin du pardon de ceux
« que vous avez trop longtemps sacrifiés.
« Si maintenant, malgré cette promesse de
« pardon, vous persistez à vous isoler pour
« défendre l'ancienne forme sociale, vous
« trouverez à l'avant-garde, au jour de la
« lutte, nos sections organisées, et ce ne
« sera plus de pardon que vos frères vous
« parleront, mais de justice. » En mars, Ras-
pail refusait un ministère. Sobrier, le 15 mai,
s'imaginait avoir des milliers d'hommes
armés apostés autour de l'Assemblée. Le
général Courtais jurait de marcher à la tête
du peuple. En juin 1848, la Montagne re-
niait la Révolution. Au 13 juin 1849, les
nullités que l'élection avait envoyées à la
Législative contraignaient le noyau des quelques hommes capables de la Constituante à
une échauffourée imbécile : ces tortueux

finassiers de département avaient cru augmenter leur importance ; ils furent réduits à cracher publiquement sur leurs noms à la tribune, et, au Coup d'État, ils s'en allèrent au milieu des huées. Les Miot, les Savoie, les Pelletier se croyaient des lumières nationales. Le maçon Nadaud, imperturbable dans son odieuse loquacité, guettait la succession du bonhomme Cabet. Tel journaliste identifiait à la France la Pologne, l'Italie, l'Allemagne révolutionnaires. Un autre répétait, durant trois mois, ce mot naïf : « Non, la Hongrie n'est pas morte ! » Tous les dévoyés qui composent le parti populaire, batteurs de pavés, flâneurs de rues, piliers d'estaminets, culotteurs de pipes, faiseurs de dupes, emprunteurs d'argent, idiots ou fripons, riaient de la bonhomie populaire et se targuaient pour 1852 de la sottise nationale.

Toutes ces figures de la Révolution de 1848 ont l'aspect démesurément long, maigre , desséché , ossu , des œuvres byzantines. Tel m'apparut Lamartine, à l'heure solennelle où il repoussait le drapeau rouge et lorsque je luttais vainement contre le gouvernement provisoire soumis à l'hôtel de ville à l'acceptation du peuple. Cette vue du premier jour était un présage ; j'en ai été poursuivi longtemps.

Réactionnaires, révolutionnaires, ce sont des byzantins.

Ils n'ont rien eu ni du politique, ni du fanatique.

La Terreur a été constante. Elle flotta d'un parti à l'autre. Avant juin 1848, c'étaient les monarchistes ; après, ce furent les républicains. Ces derniers, semblables aux saints du moyen âge, se croyaient incessamment poursuivis par les mouchards. La police était le diable qui les tourmentait, les possédait, se moquait d'eux, et leur jouait mille tours pendables. M. Dupin et la réaction croyaient à la malice populaire ; au lieu de quelques démons, c'était l'enfer déchaîné. Accusé sur les murs de Paris par une immense affiche rouge d'un bijoutier nommé Magot, l'honorable représentant balbutiait attéré : « Mon nom sur une affi« che ROUGE ! Cent mille poignards sur ma « tête ! » M. Portalis ayant en poche la mise en accusation de la Commission exécutive, sur l'annonce de l'arrivée des faubouriens, descendait de la tribune sans avoir parlé. M. de Mortemart, en lisant *la Commune de Paris*, ouvrait d'instant en instant sa fenêtre, croyant toujours entendre les sons lugubres du tocsin.

Ce qui donna à la République ce caractère terrible, c'est que tout le monde imaginait qu'elle était quelque chose de nouveau, de durable et d'irrésistible ; et quand le Coup d'Etat s'est joué de cette prétendue force invincible, les partis, pour s'en expliquer, se tenaient prêts à une lutte civile ; le socialisme commençait à s'entre-dévorer.

Encore debout, l'oubli est déjà étendu sur elle. Les républicains rentrent de l'exil, sortent de prison, s'abandonnent, se vouent par sottise à l'inutilité, ou saluent l'Empire naissant. Les théories qu'on disputait ont disparu dans l'inattention commune. La parole est délaissée, les clubs sont fermés, les journaux ne sont plus lus ; l'émeute est impossible et le régicide voué au mépris et à l'infamie.

Si la révolution de 1848 laisse quelque chose, c'est, au milieu des ruines du monde lettré, le vague souvenir des premiers essais du suffrage universel, déjà disparu, et remplacé par l'acclamation nationale.

# II.

## NAPOLÉON III.

La France entre dans des temps héroïques.

Les masses se révèlent, douées de conscience et de savoir. La science, précipitée du trône usurpé du monde, cède à l'instinct. Vague, diffuse, elle n'est plus pour guider les peuples, mais pour décrire leur orbite. Le lettré, supérieur à l'individu populaire, est inférieur à la multitude des ignorants. C'est l'Orphée antique, débile compagnon des Argonautes, *Orpheus, vir debilis, heroibus istis socius...*,

Tous les âges sont évoqués dans la conscience nationale. L'Orient avait convié la Gaule à l'absorption du monde. Rome, l'Église, l'Invasion l'ont pressée de céder au désir oriental. Un instant dans l'attention du monde, les premières assises de cet ordre impossible, rêvé néanmoins par tous les idéologues anciens et modernes, parurent inébranlables sur la base solide de la féodalité française. La royauté grandit alors au-dessus des sociétés immobilisées, comme le cyprès sur les tombeaux.

C'est contre la société féodale que les lettrés ont élevé 1789 et salué la Révolution. Mais la Révolution est constante ; elle est fonction populaire, universelle, et pourtant toute française ; c'est l'affirmation des races dans le mouvement des choses créées. Au contraire, 1789 est négation ; *la Révolution* est un accident révolutionnaire ; elle n'est rien, tout ce qui se sera appuyé sur elle tombera. Ainsi ont disparu déjà la Restauration, la monarchie de juillet, la République et le Socialisme.

1848 n'est donc pas révolution. Depuis

tant de siècles que le système de la bourgeoisie durait, rien autre n'avait été trouvé contre lui que la destruction violente des indi-
vidus. Le Socialisme parut fort, dans l'illusion
d'un instant, en rêvant, pour séparer l'élé-
ment étranger du sein de la France, la créa-
tion d'une société nouvelle et la formulation
d'un autre homme. Mais, au triomphe de la
Sociale, les normes antiques se seraient
transformées, et le fait eût subsisté. Vingt
papautés insensées réclamaient de la France
la domination philosophique du monde;
cent dictatures farouches, l'oppression politique de l'Europe. Sous la figure spécieuse
du droit et du communisme, les théories sociales des prêtres hindous, parses, ou égyp-
tiens, demandaient place dans la pratique
révolutionnaire. Malgré l'exemple éclatant
de Rome, et au moment même où l'Angleterre, contrainte par la force des choses,
abandonnait le vieux songe de la fusion
des sociétés humaines, on a tenté ouverte-

ment , dans le but de la République universelle , identique à la monarchie et à la papauté, de dénaturer et d'anéantir la Révolution.

Le Coup d'État qui survient est un mi-
racle,

La France est plongée dans une nuit for-
midable , des ombres épaisses s'étendent sur
tout l'univers. Sous cette obscurité invincible, l'esprit humain est saisi de vertiges,
la raison tombe dans l'imbécillité ; le lettré
est plus ou moins hébété, selon son importance. L'Étranger, glacé de stupeur, voit debout le génie des batailles. Au dedans, les
idéologues fuient ou se cachent. Les partis
sont dispersés. Le désespoir est assis au foyer
scientifique. La nation est violée, le droit,
la loi, la liberté. C'est un coup du dehors.
Tel a senti sur le sein de la patrie une main
inconnue , tel croit aux barbares du nord
proposant derechef l'expérience accomplie
de la royauté, tel aux intrigues mesquines

de l'Angleterre. Chacun nie ou raconte au hasard. Celui-ci accuse Bourbon, celui-là d'Orléans. L'un a annoncé Monck ou Washington, l'autre voit en Louis-Napoléon le mandataire de la Sociale. La patrie est précipitée au séjour des morts; elle divague parmi les fantômes et les idoles.

Cependant les vaines querelles s'éteignent, la critique est muette, la famille s'asseoit, le droit s'efface; la parole, débordée, rentre dans ses limites naturelles; la politique tombe dans l'indifférence publique; les partis, sans espoir, se renient; la Légitimité est infidèle, la République disparaît, la science s'abandonne, la bourgeoisie est balayée, la religion s'étend. Quelle loi nouvelle s'impose sous le nom d'Infaillibilité du Peuple? quel dogme national s'affirme dans la révolution de l'Empire?

Louis-Napoléon est transfiguré. La France s'empare de lui, elle le possède; il n'est plus une personne : il est le génie, il est la force, il est la spontanéité et la grande liberté françaises.

L'Empire est acclamé.

Le XIX<sup>e</sup> siècle, en qui nul ne fondait plus d'espérance, tout plein, comme le passé, de combats furieux, de haines féroces et de vengeances impitoyables, de sang et de ruines, s'est retiré soudain de l'abîme pour manifester en Napoléon III sa suprême affirmation.

L'Empire qui recommence est chose inouïe. D'abord incertain de lui-même, de son origine, de son but, il se cherche sur tous les vieux champs de bataille de l'univers, il se demande à la science, il flotte dans les mains du puissant génie qui l'a créé et disparaît vague encore. Mais trois crises nationales indiquent qu'il n'est ni le droit d'un seul, ni le droit de quelques-uns, ni le droit universel. C'est un novation, le peuple entier est le garant. 1852, qu'on croyait la fin des mouvements sociaux, est le prodrome d'une évolution mystérieuse.

La France se jette dans l'inconnu ; elle cherche des nouveautés. Mais au lieu que la république romaine du 1<sup>er</sup> siècle, incertaine entre le droit et Dieu, fondait l'Empire pour démêler son avenir, la France, assurée d'elle-même, ne s'empare des héros que pour raconter sa légende.

L'Empire est sacré.

La France, se déclarant un dogme, s'est, trois fois de suite, incarnée en Napoléon III, le 10 Décembre, le 20 Décembre et le 16 Octobre. Pour la première fois dans le monde, on a vu un peuple entier absorbé dans un homme ; et l'action nationale est manifeste néanmoins aux yeux de tous. La vie propre des races est ainsi indubitable, et le sanglant esprit des guerres extérieures et sociales n'est qu'un des démons qui tourmentent le monde savant.

L'Empire est une abnégation. Devenu la proie de ce grand peuple qui s'étend du Rhin aux Pyrénées, l'Empereur ne s'appartient plus; ni les siens ne lui appartiennent. Uniquement occupé de dynastie, il disparaîtra; préoccupé de la France, il se perpétuera à son gré.

L'Empire est travail. Un préjugé répandu est que Rome périt par la main des Césars. Rome ancienne est tombée pour avoir voulu être l'ombilic sacré du monde et vivre dans l'oisiveté. Mais la France s'est refusée à l'univers; et au lieu que Rome nourrissait au théâtre ou au cirque six cent mille fainéants, il y a dans Paris plus de six cent mille ouvriers qui subissent, sans se plaindre, la dure loi du travail, et dont la sévère ironie poursuit impitoyablement le plaisir et l'orgie.

Aussi les ennemis de l'Empire sont humains, puérils et petits. En vain les passions se déchaîneraient contre les bases invincibles enfouies sous terre pour l'élever par la main du peuple; qui peut s'opposer aux masses infaillibles, au travail et au sacrifice? Dans le clergé, quelques esprits mobiles, insatiables, irritables, mais toujours douteux, ont distingué, dès le Coup d'Etat, la cause catholique de toute cause humaine, et voudraient soumettre à la Papauté la France Impériale. Les derniers bourgeois, en dehors de qui l'Empire s'est élevé, répandent le doute. Les libérâtres le dénoncent comme la guerre. Ce sont ceux-mêmes qui, dans le Congrès de la Paix, sous la forme de l'extinction de la guerre, demandaient l'abolition de la patrie et la décadence de l'Europe au profit de l'Amérique. Les révolutionnaires accusent l'Empire d'être l'ordre et la paix. Le socialisme redoute la génération savante qui bientôt n'aura souci de lui. Tous accusent le suffrage universel : les scrutins du 20 Décembre auraient été faussés par les ennemis mêmes du candidat national, et des millions de voix supprimés contre lui par la supercherie des autorités légitimistes, orléanistes ou républicaines. Ils répudient l'acclamation nationale, et dans le temps

2.

même où la nation engendre, ils la déclarent inféconde et impuissante. Ceux-là enfin crient à la dictature, qui ont soutenu Blanqui ou Ledru-Rollin, ou qui attendent Henri V.

Mais l'Empire est au-dessus de la force et de la science, supérieur au droit, aux lettres et aux armes. Qu'est-ce que le Coup d'Etat, sinon le mépris de la loi, au nom d'un dogme supérieur? Les lettres vont s'éclipser; pour la seconde fois l'Empire reçoit les destinées de la France à l'heure où les savants et les artistes sont prêts à manquer. Les hommes illustres de la Révolution, grandis sous Louis XV et Louis XVI, faillirent à l'Empereur. Ceux que l'Empire éleva pour Charles X et Louis-Philippe penchent, à leur tour, vers la tombe. Mais l'Empire est omnipotent par lui-même; il semble que la vertu scientifique recule à chaque apparition nationale. L'armée va s'accroître, au contraire, dominée par l'Empire. On a dit que le 2 Décembre était son œuvre, qu'elle avait pris parti, fait acte de barbarie, recommencé les prétoriens; qu'inutile à ses origines, puisqu'elle ne fut qu'après les grandes guerres nationales, instrument de l'ambition des familles royales, elle n'était rien que la surcharge de l'Etat. Mais, le 2 Décembre, le silence profond des régiments accueillait le Coup d'Etat, et le 4 à Paris, plus tard dans les départements, en maintenant l'ordre public contre l'insurrection des partis, elle ne sauvegardait que l'intérêt de la France. Combien y a-t-il d'armées? L'armée d'Afrique est-elle une autre armée que celle de France? le soldat est-il à la solde des Césars? a-t-il l'âge de l'influence? Il est jeune, il est ouvrier, paysan, bien plus encore que soldat. Et si le budget de la guerre est lourd, il faut qu'il s'appesantisse encore pour que l'armée, innombrable, inimitable, invincible, tienne en respect les barbares du nord et du midi.

L'Empire n'est pas la direction d'une académie où de beaux esprits se disputent les palmes vaines de l'éloquence ; il n'est pas la rêverie et la nonchalance des poëtes ; il n'est pas un caprice artistique.

L'Empire est l'avénement des Héros.

Dans les temps les plus éloignés, la Gaule semble avoir cherché un organisme analogue pour résister à la crise terrible qui résulta dans l'occident de la disparition de l'Orient. Le peuple, la science, le génie furent le triple équilibre du mécanisme social. Le pouvoir, tantôt électif, tantôt héréditaire, fut concentré entre les mains d'un chef unique. L'Eglise gauloise, comprenant toutes les illustrations scientifiques nationales, fut un sénat, simple conseiller du chef d'Etat. Annuellement une assemblée de notables se réunissait en des lieux fixes, élective, et n'ayant que droit d'avis. La nation entière décidait les grandes questions nationales. Il semble que la France remonte à ses origines, pour recommencer et corriger son histoire.

La puissance suprême de tous les temps est le père de famille, c'est lui qui a charge de démêler la vérité dans le réseau inextricable dont l'erreur enveloppe chaque nouvelle expérience. Sa vie se consume entre trois efforts : l'un pour assurer à ses enfants un bien-être supérieur à celui dont lui-même a joui ; l'autre pour substituer sans trop de violence aux formules sociales vieillies les institutions plus en rapport avec le but national ; le dernier, pour combiner les exigences de la société avec celles de la vie quotidienne des siens. Son dévouement est absolu. Il se jette sans frémir au milieu de toutes les choses ignorées, il ne se refuse à aucun sacrifice. La science lui devrait le respect, elle le traite avec indifférence ou mépris, elle ne lui donne que la misère et le carnage. Aussi il la restreint et s'affermit contre elle.

Une des bêtises des gens qui croient penser parce qu'ils parlent, c'est l'économie, la contention du budget. Les savants disent que l'impôt est un *rachat*. L'impôt est *cotisation*. Plus le budget est lourd, plus le peuple est puissant. Quand la France a été vaincue par Rome et par les barbares, envahie par les Anglais, c'est qu'elle payait moins, qu'elle mettait moins de côté pour sa grandeur et sa gloire. Quand elle expulse l'étranger et devient prépondérante en Europe, c'est le temps de la grande misère et des sacrifices suprêmes du peuple. Il est indubitable que, dans les cinquante ans qui vont suivre, le budget aura plus que doublé.

Tous les peuples qui nous entourent, ne sont pas moins barbares qu'au V⁰ siècle. L'invasion va recommencer. La force seule peut décider du salut du monde. Il faut que la France, ramassée sur elle-même, porte encore en tous lieux ses armées redoutables.

Dans le désordre des idées panthéistes, la logique contraint de conclure à la séparation des pouvoirs; leur distinction est d'autant plus nécessaire que la société est composée de plus d'éléments divers. Mais quelle que soit l'infinie division sociale, la pratique des faits démontre, à l'encontre de l'idéologie, qu'il n'y a de puissance que dans la force, et que la force ne se trouve que dans l'unité. Aussi qu'est-ce que la Présidence décennale avec un sénat et un corps législatif? A quoi bon une garde nationale et une armée? Si petits que soient ces germes de discorde, ils grandiront; et pour avoir respecté les préjugés bourgeois, la France perdra encore, durant quelqu'une de ces crises maudites qui nourrissent la terre de sang et l'engraissent de cadavres, la moitié des économies douloureuses et patientes qu'elle se sera longtemps imposées.

Au lieu de trois éléments, comme dans la Gaule, il n'y en a que deux en présence aujourd'hui ; la France et le Génie. La nation remet ses destins aux grands hommes et marche insoucieusement en avant. La science regarde, remémore, compare et détermine.

La mission de l'Empire est d'entendre l'instinct national et de satisfaire à ses secrètes aspirations. La France parle et prophétise en Napoléon III. C'est des lèvres sacrées du Héros que doivent tomber la révélation et la légende nationales.

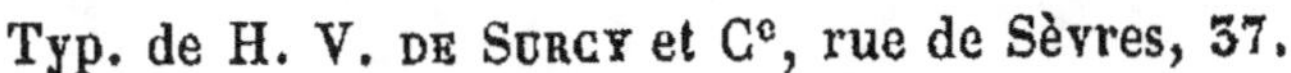

Typ. de H. V. DE SURCY et C°, rue de Sèvres, 37.